Ein Elfenhellfer Selbsthilfebuch

Beflügelt Lehrer sein

Die meisten Elfenhellfer Selbsthilfebücher wurden auf chlorfrei gebleichtem

HANF-PAPIER

aus Hanfschäben gedruckt - eine österr. Weltneuheit. Eine Tonne Hanfpapier erspart das Fällen von zwölf ausgewachsenen Bäumen: und ein einziger Hektar Hanf bringt auf Dauer die mindestens 4-fache Menge Papier wie ein gleich großer Wald.

Beflügelt Lehrer sein

Elfenhellfer Nr.14

Titel der Originalausgabe: Teacher Therapy

Übersetzt von Sylvester Lohninger und Robert Jaroslawski

Gedruckt in Österreich und Deutschland

3. Auflage 2003

ISBN 3-85466-013-8

Ein Elfenhellfer Selbsthilfebuch

Beflügelt Lehrer sein

Verfaßt von
Karen Katafiasz
Illustriert von
R.W. Alley

Edition LebensTraum
im Sequoyah Verlag

Vorwort

Es gibt einen kauzigen Spruch, der behauptet, daß die zwei besten Dinge am Lehrberuf, am Unterrichten die Monate Juli und August seien. Wie jeder Lehrer weiß, gibt es Zeiten, wo dieser Ausspruch nicht gerade als ein Witz erscheint.

Unterrichten - wenn richtig gemacht - ist anstrengend. Jeder Schüler ist schlichtweg einmalig, mit unterschiedlichsten Lernstilen und Stärken, mit ganz verschiedenen Interessen, Erfahrungen und Motivationen. Und jeder Schüler stellt Anforderungen an Dich, die von Dir erfordern, mit Deinem ganzen Sein, mit Körper, Intellekt und mit Geist darauf einzugehen.

Kein Wunder, daß das Unterrichten mehr eine Berufung als ein Job ist; es erfordert ebenso viel Talent und Geschick wie jede andere Kunst. Und kein Wunder, daß Du Dich manchmal so ausgelaugt und müde fühlst.

„*Beflügelt Lehrer sein*“ kann die anstrengenden Zeiten nicht beseitigen. Es wird weder Deine Klassen kleiner machen noch die Klassenarbeiten für Dich korrigieren, Deinen Unterricht nicht vorbereiten und Deine Schüler nicht in ihren Kenntnissen vervollkommnen.

Es bietet aber solide, stimmige, realistische Ratschläge dafür, wie Du für Dich selbst besser sorgen und aus denen, die Du lehrst, das Beste hervorholen kannst, und wie Du die in Deinen Händen liegende Macht, die Leben anderer zu verändern, erkennen und respektieren kannst.

Mit seinen inspirierenden Worten und herzerfrischenden Illustrationen wird dieser Schwung aufmunternder Worte in Taschenformat jenen Enthusiasmus in Dir erneuern, der sich in Deinem Herzen rührte, als Du zum ersten Mal wußtest, daß Du dazu bestimmt warst, Lehrer zu sein.

1.

Dein Leben für etwas von Bedeutung einzusetzen, für etwas, das wirklich zählt, ist das Größte, was man vollbringen kann. Zu lehren ist von Bedeutung.

VIOLINE
WAGEN
XYLOPHON
2
+ 3
3
+ 3
4
+ 2

2.

Erinnere Dich an jene Lehrer, die Dein Leben zum Guten beeinflußt haben. Was haben sie getan? In welcher Weise haben sie Dir gegeben, was Du brauchtest? Folge ihrem Beispiel.

Violine
3
+ 3
8

3.

Sei Dir dessen bewußt, daß Du weitaus mehr als nur einen Gegenstand lehrst. Du öffnest den Geist und die Herzen; Du formst Leben.

VIOLINE
WAGEN
III 3
III +3
6

4.

Strahle Enthusiasmus aus: für Deine Schüler, für das Lernen, für das Leben - und vor allem dafür, bei Deinen Schülern für das Lernen und das Leben Engagement zu wecken. Deine Schüler wie auch Du selbst, ihr werdet so viel reicher.

5.

Entwickle Leidenschaft für das Fach, das Du lehrst: Begeisterung ist ansteckend.

6.

Schenke den Träumen Deiner Schüler Gehör und achte sie.
Fordere Deine Schüler dann heraus, sich nach noch Höherem auszustrecken.

7.

Kinder brauchen gesunde Strukturen und Richtlinien, um gut zu lernen und zu wachsen.
Gib Deinen Schülern Regeln, die fest, klar und fair und ohne Widersprüche sind.

8.

Bringe in Deinem Verhalten Ehrlichkeit, Gerechtigkeit und Integrität zum Ausdruck. So wirst Du diese Werte mühelos weitervermitteln.

9.

Mache Dir gute Organisation zunutze, um Deine Effektivität zu steigern, und gib Deinem Tag Struktur. Wenn Du Arbeit mit nach Hause nimmst, tue es auf Grund einer bewußten Entscheidung. Du brauchst auch ganz freie Zeit, um frisch zu bleiben und nicht auszubrennen.

Z
ZEBRA

10.

Wenn Du Deine Schüler bittest, Verantwortung zu zeigen, dann mußt auch Du ihnen gegenüber verantwortlich und verläßlich sein. Ehre und achte Deine Verpflichtungen; halte Deine Versprechen.

11.

Das Unterrichten verlangt viel ab - gib also Deinem Körper die nötige Fürsorge. Nimm ein gesundes Mittagessen zu Dir, halte Dir Zeit für Bewegung frei, verschaffe Dir ausreichend Ruhe.

12.

Kümmere Dich auch in spiritueller Hinsicht um Dich. Zentriere Dich in Gott; sei der Anwesenheit Gottes in Deinem Klassenzimmer gewahr.

A
B
K
D
B+

13.

Schüler brauchen ein Klassenzimmer, in dem sie sich willkommen fühlen, sicher, geachtet und auch gefordert. Mache Dein Klassenzimmer zu einem solchen Ort.

14.

Du hast in Deinem Klassenzimmer eine ganze Menge Macht - die Macht, den Ton vorzugeben, die Macht, die Zeit eines Kindes dort zu einer elenden oder zu einer freudvollen werden zu lassen. Gebrauche Deine Macht zum Guten.

Fisch Ff
Gg
Hut Hh
Raupe
Kokon
Entwicklung
Schmetterling
Raupe
Kokon
Entwicklung
Schmetterling
Raupe
Kokon
Entwicklung
Schmettaling
BUCHSTABIEREN
Raupe
Kokon
Entwicklung

15.

Vermittle Deinen Schülern, daß es in Ordnung ist, Fehler zu machen. Fehler sind kein Grund, sich zu schämen, sondern gute Gelegenheiten, zu lernen und es besser zu machen.

Ii
Jj
Kk
Ll
guter Versuch
Raupe
Kokon
Entwicklung
Schmettaling
Schmetterling

16.

Es wird Zeiten geben, da Du den Umgang mit einem bestimmten Schüler nicht leicht finden wirst. Sei Dir Deiner Gefühle und Bevorzugungen bewußt und bemühe Dich, über sie hinwegzugehen, indem Du danach strebst, einem jeden Kind gleiche Beachtung zu schenken und alle gleich zu behandeln.

17.

Biete Deinen Schülern grundlegendes Angenommensein durch Dich; nicht daß Du notwendigerweise ihr Verhalten akzeptieren müßtest, aber immer ihr Wesen, ihre Dasein als solches, ihr reines Sein. Selbst wenn Du Deine Schüler nicht magst, kannst Du sie lieben.

RAUS-
WINKERL

18.

Es kann so vieles geben, was an Geist und Herz Deiner Schüler zieht und zerrt: schwierige Familiensituationen, wechselnde Freundschaften, Unsicherheiten, Zweifel und Ängste. Nimm Deine Schüler als ganze Menschen wahr.

RAUS-
WINKERL

19.

Erkenne, daß für manche Schüler die Schule ein Ort der befristeten Erholungspause und der Sicherheit ist. Sieh zu, daß die Schule für sie ein sicherer Ort bleibt, an dem sie sich offenbaren und sie selbst bleiben können.

RAUS
WINK

20.

Jeden Tag hast Du die Gelegenheit, Deinen Schülern die Welt anzubieten, ihnen Wissen und Erfahrung weiterzureichen, die das Leben verändern. Koste diese Möglichkeiten aus.

MUSIK-
STUNDE

21.

Hilf Deinen Schülern, ihre eigenen Stärken zu entdecken, etwas zu vollbringen, sich hervorzutun. Die Befriedigung über Erreichtes wird ihr Selbstwertgefühl kräftigen.

GITARRE
ÜBUNG
I
GITARRE

22.

Schule kann ein Ort sein, wo Deine Schüler lernen können, wie wertvoll und lohnend sie sind, und wo sie den ungesunden Lektionen, die sie anderswo bekommen, etwas entgegensetzen können. Gib ihnen diese Chance.

23.

Tue etwas für Deinen Geist. Fahre fort zu lernen, gehe Deinen eigenen Interessen nach. Es wird Dein Leben bereichern und mit Energie erfüllen, und Dir neue Dimensionen eröffnen, die Du mit Deinen Schülern teilen kannst.

24.

Vergiß nicht, daß Deine Schüler immer noch lernen und sich entwickeln. Sei geduldig mit einem Verstand, einem Intellekt und einem Geist, die noch am wachsen und sich entfalten sind.

HAND-
ARBEITEN
&
MALSTUNDE

25.

Humor kann ein machtvolles Werkzeug sein. Gebrauche es sanft, weise, und niemals, um zu verletzen.

26.

Kümmere Dich auch um Deine Psyche. Setze Dich mit Deinen eigenen Bedürfnissen und schwierigen Themen Deines Lebens auseinander, damit Du nicht versucht bist, Deine Bedürftigkeit und Deine Bedürfnisse von Deinen Schülern erfüllt bekommen zu wollen.

LEHRER-
WORKSHOP
"SEI GUT ZU
DIR SELBST"

27.

Wende Dich an Deine Mitlehrer,
an Deine Kolleginnen und Kollegen
um Unterstützung, Verständnis,
Rat und gemeinsames Lachen.
Sie können Quellen von Weisheit
und Kraft sein.

LEHRER-
WORKSHOP
GRUPPEN
BESPRECHUNG
bis 11h35

28.

Fühle Dich wohl mit Dir
und denke positiv über Dich;
verwurzle Dich tief in dem
Wissen, daß Du in Ordnung
bist. Menschen fühlen sich
wohl mit Dir, wenn Du Dich
selbst mit Dir wohlfühlst.

LEHRER-
WORKSHOP
Gute
Nacht
Danke
fürs
Kommen
1A
LEHRER
1A
LEHRER
1A
LEHRER

29.

Erkenne, daß Du mit der Unsicherheit eines Kindes gut umgehen kannst, wenn Du selbst sicher bist; wenn Du entspannt und ausgeglichen bist, kannst Du einem Kind die Angst nehmen. Wenn Du Dich gut um Dich selbst kümmerst, dann hilft das auch Deinen Schülern.

ZWELFEN
-TAL
1A
LEHRER

30.

Unzählige Male während des Tages hast Du die Wahl: Du kannst wertschätzen und achten oder Du kannst demütigen; Du kannst bejahen und bestärken oder Du kannst entseelen und entmenschlichen. Sei Dir Deiner Wahl bewußt.

1A
LEHRER

31.

Erinnere Dich daran, wie schwierig es sein kann, ein Kind zu sein - wie zerbrechlich und verletzlich Kinder in einer Welt sind, wo sie viele Spielregeln nicht kennen und wo sie sich ihrer selbst nicht sicher sind, das aber nicht zeigen wollen. In dieser Welt kannst Du ein fürsorglicher Führer sein.

1A
LEHRER

32.

Wenn Du einen schwierigen Tag hast, wenn Deine Stimmung gedrückt ist und Dein Arbeitsgeist darniederliegt, dann rufe Dir ins Gedächtnis, warum Du Lehrer geworden bist. Erinnere Dich an die Zeiten, als Du wußtest, daß es die richtige Wahl gewesen ist.

schreib
100 mal
Ich werde
nicht...

33.

An-erkenne, daß Du der Erwachsene bist und daß Deine Schüler noch Kinder sind. An-erkenne aber auch, daß es ein inneres Kind in Dir gibt, das Deiner Aufmerksamkeit und Fürsorge bedarf. Lasse Dein bedürftiges inneres Kind sich nicht auf Deinen Umgang mit Deinen Schülern auswirken.

34.

Verstehe, daß Deine Schüler auf sehr unterschiedliche Weise klug und geschickt sind. Mache von verschiedenen Lerntechniken Gebrauch, um zu allen Arten von Intelligenz Deiner Schüler Zugang zu finden: ihrer verbalen, logischen, visuellen, körperlichen musikalischen, zwischenmenschlichen Intelligenz und der Intelligenz ihres inneren Selbst.

35.

Bringe der Einzigartigkeit eines jeden Deiner Schüler Wertschätzung entgegen - sie ist ein Teil der Vielgestaltigkeit und Reichhaltigkeit der Schöpfung Gottes. Bejahe und bestärke die Einzigartigkeit aller Kinder, ihre verschiedenartigen Talente, ihren unterschiedlichen kulturellen Hintergrund.

MEIN
FAMILIEN
BAUM

36.

Inspiriere Deine Schüler. Lasse sie wissen, daß sie einen Unterschied ausmachen und bewirken können; daß die Welt auf Grund ihrer Existenz eine bessere sein kann.

ZWELFENTAL
SCHULE
ABSCHLUSS-TAG

37.

Glaube an das grenzenlose Potential von Menschen. Wenn Du von Deinen Schülern das Beste erwartest, wirst Du es auch bekommen.

AL
ULE
USSTAG

38.

Du hast die Fähigkeit, Leben auf unzählige, wundervolle Arten und Weisen zu berühren. Sage Dank dafür, daß Du ein Lehrer, eine Lehrerin bist!

Die Geschichte der Elfenhellfer-"Elfen"

Die einnehmenden „Zwelfen"-Gestalten, welche die „Elfenhellfer"-Publikationen des *Sequoyah-Verlages* bevölkern, erschienen erstmals 1987 auf den Seiten eines kleinen Selbsthilfe-Buches von *One Caring Place*, St.Meinrad, Indiana, das sich „Sei-gut-zu-Dir-Therapie" nannte.

Vom Mitarbeiterstab „geschaut" und entworfen und aus einem auf Deutsch nicht gänzlich wiederholbaren Wortspiel zwischen Elf-Help (Elfen-Hilfe) und Self-Help (Selbst-Hilfe) aufgetaucht, haben die „Zwelfen" in den einfallsreichen Illustrationen von R.W.Alley ihre endgültige Gestalt erlangt und lebten erstmals die sanften Ratschläge der Autorin Cherry Heartman (und weiterer Verf.) mit Charme, Treffsicherheit und Humor vor.

So haben die „Elfenhellfer" begonnen, uns mit erhellenden EinSichten und AusSichten zu „hellfen", das Leben lichter und unmittelbarer zu sehen. Unter der Devise „Heller statt schneller" geben sie uns „LebensMittel" an die Hand und ans Herz, die sich als wahrhaft nahrhaft für das Gedeihen unseres eigentlichen Wesens und als recht wesentlich für unser DaSein erweisen.

Sie bereichern uns mit „Gehfühlen" und „Gehdanken", die unseren seelischen Himmel aufklären können und die mit der warmen Weisheit und dem leuchtenden GeWahrsein unserer Herzen in wohltuende Resonanz treten.

Der Widerhall bei den Lesern war so enthusiastisch, daß bald schon mehr Elfenhellfer-Selbsthilfebücher auf dem Weg waren; eine immer noch wachsende Reihe, die auch eine Anzahl verwandter „Gehschenk-, Gehspür- und Gehdenk"-Artikel inspirierte.

Dem überaus liebenswerten Charakter der ersten Bücher, der mit Vergnügen seine „Zwelfen"-Mütze trägt, die von einer lebhaften, alle Stimmungsänderungen mitmachenden Kerze gekrönt ist, hat sich inzwischen ein beherztes weibliches Elfenwesen mit Blumen im Haar angeschlossen.

Diese zwei überschwenglichen, feinfühligen, findigen, warmherzigen und liebenswerten Geister - zusammen mit ihrer lebhaften „Zwelfen"-Gemeinschaft - berühren und enthüllen uns, was wirklich wichtig ist, indem sie Botschaften von Freude und Ver-Wunderung, von spielerischer Munterkeit und von Mitschöpfung, von Ganzheit und heiterer Gelassenheit darbieten, Botschaften vom Wunder des Lebens und vom Mysterium der Göttlichen Liebe.

Wir kommen dabei „auf manchen dieser Seiten des Lebens" ohne viel Aufhebens, aber spürbar mit dem Allguten, durch das alles, was ist, ist, in Berührung. In personaler oder alles Personale übersteigender Weise können wir erfahren, daß Er-Sie-Es uns alle samt und sonders in sich birgt. Wie es denn - alles abrundend - in dem Elfenhellfer *„Ein einfacheres Leben"* ohne Umschweife heißt: „Wisse, daß Dein wahres Zuhause in der heiligen Gegenwart liegt. So einfach ist es."

Mit verschmitzter Stimmigkeit, launiger Weisheit und großer Herzenswärme demonstrieren die kleinen Zwelfen-Geschöpfe mit den etwas längeren Nasen den Elfenhellfer-Weg zu einem reichen und erfüllenden Leben.

Die ersten 6 von 37 Elfenhellfern:

Sei gut zu Dir (ISBN 3-8546 6- 000-6)

Der originale Bestseller, der die populäre Elfenhellfer-Bewegung ursprünglich ausgelöst hat! Für alle jene, die sich an der Wahrheit ihrer eigenen Liebens-Würdigkeit zu erfreuen wünschen. Die Autorin und Sozialarbeiterin Cherry Heartman wirft einen wohlgemuten Blick in die positive Macht echter Selbst-Liebe und gibt 37 weise und bezaubernd illustrierte „Hellfer", wie man mit dem Alltag zurechkommen und dabei ehrlich, ganz und liebevoll leben kann.

Dein inneres Kind Erinnern (001-4)

Machst Du Dir ständig Sorgen über die Vergangenheit oder hast Du Angst vor der Zukunft? Dein inneres Kind zu erInnern und immer nur einen Tag auf einmal zu nehmen hilft Dir, Dich nur auf einen einzigen Tag auszurichten - den heutigen Tag. So erweckst Du Deine Zuversicht als ein begabtes Kind Gottes - glücklich, geliebt und schöpferischer Lenker Deines eigenen Lebens.

Ein einfacheres Leben (002-2)

Das Leben ist eine komplizierte Angelegenheit. Zuviel zu tun, zuwenig Zeit. „Ein einfacheres Leben" bietet einen Weg mitten durch die komplexe komplizierte Verwickeltheit in unserem Leben und lädt uns ein, dieses unser Leben auf seine Essenz zurückzuführen und dabei seine einfacheren Geschenke, Freuden und Vergnügen wiederzuentdecken.

Bleib guten Mutes (003-0)
Für alle jene von uns, die sich alltäglichem Ungemach und Rückschlägen gegenübersehen. Dieser Elfenhellfer bietet wundervoll illustrierte Reflexionen, die „hellfen", den Geist aufzurichten und stark zu machen. Sie unterstützen Dich dabei, eine Haltung der Hoffnung wachsen zu lassen und diese zu einer heilsamen Gewohnheit zu machen.

Lasse Dir Zeit (004-9)
Dieser Selbsthilfe-Führer für hastige, hastende Leute enthält 35 konkrete und handfeste Ideen, die Dir hellfen mögen, etwas wiederzugewinnen, was Du bereits besitzt: Zeit, genügend Zeit. Du wirst Deinen eigenen Weg zu einem friedvolleren, entspannteren Gebrauch von Zeit finden, selbst in den allergeschäftigsten Situationen.

Loslassen im Annehmen (005-7)
Für jene, denen es schwerfällt loszulassen, sowie für jene, die damit ringen, sich mit der „Gebrochenheit" des Lebens auszusöhnen, liegt hier ein köstlicher, inspirierender und befreiender Führer zu spiritueller Wegfindung, seelischem Wohlbefinden und heiterer Gelassenheit vor. Eine Reise in Richtung einer lebensbejahenden, heilsamen Sichtweise, die spürbar an das Wesen von Wieder-ganz-werden und echtem Wohlergehen rührt.

Die zweiten 6 von 37 Elfenhellfern:

Sei gut zu Deiner Ehe (ISDN 3-85466-007-3)

Dieser „Elfenhellfer" für verheiratete Paare ist ein warmherziger Führer für jene, die grundlegende Regeln von Liebe und Romantik kennen, aber einer gelegentlichen Ermutigung bedürfen, um das Knistern und die Freude ihres gemeinsamen Lebens wieder anzufachen. Ratschläge, die Hand und Fuß haben und praktisch erprobt sind von Paaren, die sie als wahr und wirksam erfahren haben.

Sei gut zu Deinem Körper (006-59)

Während wir auf Pfaden persönlichen Wachstums und Wegen der Transformation unterwegs sind, übersehen wir oft eine lebenswichtige Komponente, die uns auf dieser Reise begleitet - unsere Körper. Und wie wir uns in unserem Körper fühlen, hat seinen Einfluß auf unser ganzes Da-Sein. Dieser „Elfenhellfer" ist eine wahre Quelle gesunder, stimmiger Körper-Weisheit, eine ganzheitliche Herangehensweise an Fitness als den äußeren Ausdruck innerer Freude.

Spiele Dich frei (010-3)

Mit fröhlichen Illustrationen und ermutigenden Richtlinien erinnert uns der Autor, daß es „in Ordnung ist zu spielen und glücklich zu sein". Gott spielte uranfänglich mit grenzenlosen Möglichkeiten - einschließlich Dir - und es war gut.

Alles Gute zum WiederGeburtsTag

Hier findest Du eine wunderbare Einladung zu einer sinnvollen Feier dieses besonderen Tages, an dem der Autor des Lebens einen jeden von uns - wieder - in die Geschichte einschrieb. Mit Tiefe und Gefühl, aber jenseits von Klischees und Sentimentalität, erforscht „Alles Gute zum Wieder-Geburtstag" die vielen Dimensionen von Geburtstagen - wie Dingen, die man bereut, ins Auge zu blicken, über die Würdigung der Gegenwart bis hin zum offenen Willkommenheißen der Zukunft. Diese unnachahmliche „Elfenhellfer-Mischung" aus Zwelfen-Charme und lebendiger Resonanz macht diesen gehaltvollen „Geburtstagsgruß" zu einem idealen Geschenk. (009-X)

Feiere Dein Frau-Sein (008-1)

Feiere die einzigartige Erfahrung und die vielfältigen Gaben, die darin liegen, eine Frau zu sein. Dieses zauberhaft illustrierte Büchlein schäumt über mit einer bejahenden und ermächtigenden Botschaft für Frauen jeden Alters und jedweder Lebenssituation.

Vertraue Deiner Trauer (011-1)

Der Tod eines geliebten Menschen hat eine machtvolle und bedeutende Auswirkung auf unser Leben. Dieses Büchlein bestärkt jene, die trauern, daß ihr Schmerz zu einer tiefgreifend verwandelnden Heilung werden kann.

Die dritten 6 von 37 Elfenhellfern:

Aus ganzer Seele leben (ISDN 3-85466-015-4)

das Leben ist ein unglaubliches Geschenk. Alltagsroutine und alle Arten von Schwierigkeiten können dazu führen, daß wir unser umfassendes Gewahrsein und unsere segensvolle Mitte verlieren. »Aus ganzer Seele leben« ist ein einziger erfrischender Weckruf, leidenschaftlich und absichtsvoll und wach zu leben.

Beflügelt Lehrer sein (013-8)

Lehren kann eine zähe und anstrengende Sache sein; es stellt große Anforderungen und ist sicher mehr eine Berufung als ein Beruf. Die weisen, inspirierenden Worte und eindrücklichen Illustrationen dieses »Elefenhellfers« können den Enthusiasmus eines jeden, der lehrt, wieder erneuern.

Sei gut zu Deiner Familie (014-6)

Es kann heutzutage schon hart sein, eine Familie zu sein. Kultureller und finanzieller Druck, wettstreitende Anforderungen, sich verschiebende Werte machen ein Familienleben zu einer größeren Herausforderung als es das je war. Feiere trotzdem die Freuden und Wunder, den Segen und die Einzigartigkeit Deiner Familie mit »Sei gut zu Deiner Familie«.

Freundschaft entfalten (016-2)

Mit herzerfrischenden Illustrationen und tiefgehenden Gedanken ermöglicht Dir dieser »Elfenhellfer« voller zu verstehen, was es bedeutet, Freund zu sein - mit all seinen Freuden und Herausforderungen. Wahrhaftig und ermutigend ist »Freundschaft entfalten« ein herausragendes Geschenk für Dich selbst wie jemanden, der Dir am Herzen liegt.

Neues Baby - Neues Leben (012-x)

Herzliche Gratulation zu Eurem neuen kleinen Bündel voller Segnungen! Kein Zweifel, Ihr seid überwältigt von Freude - und sehr wahrscheinlich auch von Erschöpfung! Dieses bezaubernd illustrierte Büchlein wird Euch hellfen, aus dieser besonderen Zeit das Beste zu machen - und auch mit dem Schwierigsten dabei zurechtzukommen.

Dem Stress heilsam begegnen (017-0)

Mit kurzen, gesunden Ratschlägen und Zeichnungen, die das Herz leicht machen, schenkt dieses kleine einzigartige Buch praktische, effektive und einsichtsvolle Anleitung, wie wir Stress erkennen und lebensförderlich handhaben können; wie wir in Kontakt bleiben können mit unseren wahren inneren Werten und dabei eine seelische Heiterkeit erlangen, die uns noch in Zeiten ärgsten Stresses dienlich ist.

Weitere bald erscheinende Elfenhellfer:

Sich im Garten wieder finden
Elfenhellfer für voll beschäftigte Mütter
Dankbar sein
Beherztsein im Alltag
Erlaub Dir zu vergeben
NOCHMALS: Sei gut zu Dir
Erfüllende Arbeit
Den Frieden leben
Finde Dein Gebet
Sich selbst wertschätzen
Nimm Dein Leben in die Hand
Wahrhafte Weihnachten
Heilung dem Helfer
Sei sanft mit Deiner Wut
Wieder gesund werden
Im Leiden Sinn erfahren
Als Mann zu seiner Trauer stehn
Aus Depression auferstehn
Göttliches Urvertrauen